Fouad EL-Auwad

mit den
buchstabe**n**
       Unterwegs

Lyrische Prosa

Die erste Auflage erschien 2003 bei
"Maison de Mosaik", Dachau.

Die zweite Auflage erschien 2011 bei
Shaker media, Aachen.

Titelbild, Satz & Layout:
Fouad EL-Auwad

Edition Lyrik-Salon Spezial 2015
© Copyright Fouad EL-Auwad
www.lyrik-salon.de

Herstellung und Verlag:
BoD - Books on Demand, Norderstedt
ISBN 978-3-7347-5371-8

Fouad EL-Auwad

mit den
buchstaben
unterwegs

Lyrische Prosa

MIT
DEN
BUCHSTABEN
UNTERWEGS

Ich hatte nicht die Absicht,
spazieren zu gehen.
Ein Kino zu besuchen,
war auch nicht mein Wille.
Und in der Wohnung zu bleiben,
war mir zu langweilig.
Unbewusst trugen mich
meine Füße auf die Straße,
in Richtung eines Cafés.
Der Weg war ziemlich lang
und dicht mit Autos befahren.
Ich griff in meine Jackentasche, in die ich
vor knapp drei Stunden
zwei Hustenbonbons hineinsteckte.
Meine Hand spürte Dinge,
die ich zuvor noch nicht berührt hatte.
Diese erklangen, als ob sie die Saiten
eines Musikinstruments wären.

Ihr Klang war anders als jegliche Musik,
die ich in irgendeinem Konzert
oder einer Oper gehört hatte.
Ich nahm sie aus meiner Jackentasche heraus
und schaute sie mir an.
Ich drehte die Dinge in meiner Hand
und jedes Mal war der Klang anders als zuvor.

Der Lärm der Autos
hinderte mich jedoch daran,
die feinsten Töne zu hören.
Wieder steckte ich die Dinge
in meine Jackentasche
und wartete, bis ich in jenem Café ankam,
in dem ich täglich meinen Espresso trank.
Dort waren die Lichter halb gedämpft,
als ob Magier ihr Spiel anfangen würden.
Plötzlich blendete mich das Licht,
dann wurde es wieder gedämpft,
ein Wechselspiel -
wie leicht an- und abschwellende Töne.
Dies hielt ich für eine Art Begrüßung.

Ich ging durch das Café,
dessen Tür an diesem Abend
außer mir noch keinen Gast begrüßt hatte,
und warf die Dinge
aus meiner Jackentasche auf die Tische.
Ein herrlicher Gesang
tanzte durch den Raum -
ein Gespräch der Götter und Göttinnen.
Das Licht war das Echo dieses Gesprächs.
Es war der Rhythmus des Tanzes.

„Brunnen
ziehen
Düfte
Blätter
neben Adonis
auf Felder
Winde
berauschende Götter
Stunde um Stunde
verbirgt sich die Sekunde."

„Blätter
ziehen
Düfte
Winde
Brunnen
auf Felder
berauschende Götter
neben Adonis
Stunde um Stunde
verbirgt sich die Sekunde."

Als ich die Dinge
auf den Tischen vermischte,
entstanden neue Klänge:

- Tisch - a 1

„Mit dem Winde umher
irren die Düfte,
von Bleibe zu Bleibe
Stunde um Stunde."

- Tisch - b 8

„Aus dem Winde heraus
steigen die Götter.
Tief
in dem Brunnen
verbirgt sich die Sekunde."

- Tisch - c 6

„sari dur
wilbe
ditce
kari bur
komra witze"

- Tisch - d 4

„Aus dem Winde heraus
stürmen die Blätter.
Duftend
tanzen die Götter."

- Tisch - e 2

„zaus
ben
ha
reger
taneger"

- Tisch - f 7

„Laufen, laufen,
hinter sich her
ziehen
Wolken
Regentropfen
hinter sich her."

- Tisch - g 3

„Wenn die Zeit einschläft
einsam
und die Welle nachts spazieren geht
einsam.
Einsam
wacht Ashtar neben Adonis auf.
Einsam ..."

- Tisch - h 9

„bdb dbd
kl-sdf usa
klaudusa
dbd bdb
sdf-lk kl-sdf
masisra
risisra schusa"

- Tisch - i 5

„Dionysos
einsam
auf Feldern seiner Träume
berauscht
einsam
auf Feldern seiner Träume"

- Tisch - k 10

„Kaffee
ohne Milch
drei Stühle
und ein Tisch"

- Tisch - u 11

„bdb rdb

son ne   im fern seher

käl   ter   rasse

durub durub

saat zaman

aman

aman"

- Tisch - q 12

„kumra kumra

schreit im

wadi

asmar samra

schiffa hamra

schukran

fadi"

- Tisch - s 13
„kalam kalam
worte
der pforte
salam salam
im karton
hamam"

- Tisch - p 14

„rote nase
blaues ohr
hüpfen hasen
im korridor"

- Tisch - s 15
„geh   sang
hier und dort
mehl loh die
geh   nie   fort"

- Tisch - p 16
„unterwegs mit den buchstaben
buch   stab
im raum stau   b"

- Tisch - s 17
„ma   schi maschi
bin a da
ashqar   shaqra
schiffa hamra
wu   schi   wuschi
a di   da"

Ich sammelte die Dinge auf
und steckte sie wieder
in meine Jackentasche.
Husten überfiel mich.
Die Lichter erloschen,
der Wind wurde still.
Ich verließ das Café.

„Bleib'!"
„Bleib' hier!",
rief mein Schatten hinter mir her.

- Tisch - w 17

„Orfeus
kennt keinen Schlaf.
Eurydike küsst die Schlange.

Orfeus
kennt keinen Schlaf.
Hades bewacht die Gänge zu den Toten.

Orfeus
kennt keinen Schlaf.
Eurydike nahm seine Stimme mit,
die Mänaden seine Seele
und Lesbos seinen Kopf.
Orfeus, eine verlorene Himmelsstimme.

Orfeus
kennt keinen Schlaf."

Mein Husten verstummte.
Die Autos waren still.
Im Schatten der Laternen
hockten sie beieinander.
Ich kehrte zurück ins Café
und setzte mich an die Theke.
Ein weicher, zarter Wind wehte hinein.
Ich nieste.
Die Dinge in meiner Jackentasche ertönten.

„amoro, amoro, patria cäsar
lamu messia naro
danoto erote
ferne
omane, bali, quisque
geister habe
ilama jamo
kerne
rätsel, solo,
piano piano
una tanza
vincent, winda, xari
ylpo, zenza."

ERNENNUNG

        DER

                BUCHSTABEN

Zwei Menschen betraten den Raum.
Sie setzten sich an den Tisch neben dem Klavier,
verwirrt.
Sie blieben eine Weile still,
verwirrt.
Nur der Wind tanzte umher,
der zarte Wind im Raum.

Die beiden schauten sich an,
verwirrt.
Sie sprachen nicht.
Nur der Wind tanzte umher,
der zarte Wind wurde wild.

Sie standen auf und gingen zur Theke.
Der eine setzte sich,
der andere blieb stehen.
Zur gleichen Zeit verließ ich jene Theke
und setzte mich ans Klavier.
Ich spielte.
Der Wind tanzte und wurde wilder.
Ich sang.
Der Wind tanzte und wurde wilder.
Der Klang verging im Atem dieses Windes.
Ich hörte die beiden Menschen. Sie sprachen.
Der Wind wurde still und das Klavier verstummte.

ERNENNUNG DER BUCHSTABEN

- Hiermit ernenne ich euch zu Buchstaben.
* Was bedeutet das, was du sagst?

- Verstehst du etwa nicht, was ich sage?
* Und warum sagst du etwas, was ich nicht verstehe?

- Weil ich was zu sagen habe und du sollst es verstehen.
* Dann sag was.

- Hiermit ernenne ich euch zu Buchstaben.
* Was sind Buchstaben?

- Buchstaben sind Dinge, mit denen du deine Mundmuskulatur trainieren kannst.
* Kannst du deutlicher werden?

- a, b, c, d, e, f, g.
* Ich verstehe nicht.

- h, i, j, k, l, m, n.
* Ist das ein Spiel?

- Hör einfach zu.
* Ich mag nicht hören, was ich nicht verstehe.

- Dann verstehe doch, was ich sage.
* Sag endlich was.

- o, p, q, r, s, t, u.
* Das ist, was du zu sagen hast?

- Frag nicht so viel und hör einfach zu.
  v, w, x, y, z.

**Stille herrschte im Raum
dann der Klang eines Klaviers**

* Sagst du noch was?
- ö, ü, ä.

* Das tut weh.
- Was?

* Das.
- Das?

* Bist du fertig?
- Womit?

* Mit deiner Zeremonie.
- Lass die Ironie und sortiere alle Wörter, die mit a beginnen.

* Arschloch.
- Sei nicht so unanständig.

* Frag mich was anderes.
- Sortiere die Wörter, die mit b anfangen.

* Blöd.
- Das ist auch unanständig.

* Bitte, sei geduldig mit mir.
- Verstehst du nicht, was das bedeutet?

* Was?
- Das, was ich sage.

* Sagst du was?
- Ich bin gerade dabei,
  die Dinge, welche die Mundmuskulatur
  trainieren, zu Buchstaben zu ernennen.

* Ist es das, was du sagst?
- Ja, nein, ja.

* Pardon, ich verstehe nicht. Ja oder nein?
- Nein, nein. Ach, das ist doch wirres Zeug.
  Natürlich ja.
  Ich ernenne sie zu Buchstaben.

* Ich höre.
- a, b, c, d, e, f, g.

* Die hast du schon ernannt.
- Ich wiederhole es.

* Was?
- Das.

* Das?
- Nein.

* Was denn?
- Ich versuche,
  die Dinge an einen Ort zu senden.
  Dieser Ort ist in mir.
  Dort geschieht das, was ich sage.

* Und was sagst du?
- h, i, j
  k, l, m, n.

* Das sind zwei Wörter.
  Das eine beginnt mit h und heißt hij;
  das zweite fängt mit k an und heißt klmn
  und beide Wörter sagen nichts.
- Das sind die Fundamente der Sprache.

* Welcher Sprache?
- Unserer.

* Haben wir denn eine?
- Ja.

* Warum?
- Damit wir uns verständigen können.

* Verstehe ich dich?
- Ich glaube nicht.

* Siehst du,
  wir brauchen diese Sprache nicht.
- Aber dann können wir doch nichts sagen.

* Sagen wir was?
- Ich schon, du aber nicht.

* Warum?
- Weil du nicht verstehst, was ich sage.

* Sagst du was?
- o, p, q
　r, s, t, u.

* Außer zwei bedeutungslosen Wörtern sagst du wieder nichts.
　Das eine Wort beginnt mit o und heißt opq;
　das zweite fängt mit r an und heißt rstu.
- Das stimmt nicht, das ist die Basis.

* Erklär mir bitte, was das sein soll.
- Was?

* Diese Basis.
- Diese Dinge,
  welche die Mundmuskulatur trainieren,
  ermöglichen uns, dass wir das sagen können,
  was wir sagen möchten und sagen sollen.
  Deswegen sind sie die Basis unserer Sprache.

* Ich möchte aber nichts sagen.
- Ich aber schon.

* Dann sag doch was.
- v, w, x, y, z.

Klaviermusik
fortissimo
stoccato

* Bist du fertig?
- Womit?

* Mit dem, was du sagen wolltest.
- Noch lange nicht.
  Ich werde ständig was sagen
  und das heißt Sprache.

* Also die Fundamente dieser Sprache sind die
  Dinge, welche die Mundmuskulatur trainieren.
  Die Sprache ist das,
  was du sagst und ständig sagen willst?
- Du beginnst, zu verstehen.

* Was?
- Das.

* Das?
- Ja, das, was ich sage.

* Was sagst du?
- Ich ernenne die Buchstaben, erkenne die Sprache
  und sage, was ich möchte.

* Was möchtest du?
- Ich wünsche mir, dass du die Sprache verstehst.

* Hat die Sprache zu mir gesprochen?
- Die ganze Zeit.

* Ich habe sie nicht gehört.
- Aber du hörst mich
  und das, was du hörst, ist eben Sprache.

* Ich passe. Das ist für mich zu kompliziert.

Leise Klaviermusik

- Du verfügst über Sprache.
* Welche?

- Meine.
* Ich habe dir aber nichts weggenommen.
  Was du hast, das hast du bestimmt noch.
  Schau in deinem Mund nach, du findest sie wieder.

- Was?
* Die Sprache.

- Ich habe sie nicht verloren.
* Du bist der Ansicht, ich hätte deine Sprache.
- Ja.
* Stimmt nicht, ich bin nicht, wie du denkst.

- Wie denke ich?
* Ich weiß es nicht, ich bin nicht in dir.

Ab diesem Moment beherrschte Klaviermusik
für etwa drei Minuten den Raum

- Hörst du?
* Ich bin nicht taub.

- Schön, dann kannst du die Sprache erkennen.
* Keiner redet hier im Raum.

- Doch, die Sprache und die Musik -
  sie bestehen aus Buchstaben
  und jeder Buchstabe hat einen Klang.
* Ich klinge nicht.

- Du klingst wohl, wenn du was sagst.
* Ich bin weder die Musik noch der Musiker.

- Sag c, d, e.
* cde.

- Nein, nicht so.
* Wie denn?

- Sprich jeden Laut einzeln aus: d - o, r - e, m - i.
  Verbinde die Buchstaben zu Silben:
  do, re, mi, fa, sol, la, si, do.
* Und das bringt mich zum Klingen?
- Ja.
* Ich glaube nicht.

- Hör mal zu.
  Diese zu Silben gebundenen Buchstaben sind
  auch die Basis oder die Fundamente der Musik.
  Sie ermöglichen uns,
  die Musik zu lesen und sie zu verstehen.
* Das auch?

- Was?
* Das, was du sagst.

- Ich erkläre dir, was das bedeutet.
* Ich kann aber die Musik nicht lesen.
  Kann ich sie deshalb nicht verstehen?

- Nein, ich meine das doch nicht.
* Was?

- Eben das, was du falsch verstehst.
* Oh, ich verstehe doch was.

- Ja, aber eben falsch.
* Ich verstehe doch nicht. Wie kann man falsch
  verstehen? Verstehen ist doch ein Prozess und
  basiert auf der Tatsache, dass man an etwas denkt
  und versucht, es zu analysieren.
  Das kann doch nicht falsch oder richtig sein.

- Ich glaube, du hast Recht.
* Nein, eben nicht.

- Warum?
* Weil ich nicht weiß, was richtig oder falsch ist.

- Da hast du wieder Recht.
* Ich glaube nicht.

**Stille herrschte im Raum
dann der Klang eines Klaviers**

- Was willst du eigentlich?
* Warum stellst du mir diese Frage?

- Weil du
  weder Recht noch Unrecht haben möchtest.
* Ich möchte eben nichts haben.

- Dann ist dein Prozess als solcher, etwas zu
  verstehen, was du gedacht hast oder gerade
  denkst, verlorene Zeit.
* Die Zeit ist unabhängig von mir.
  Deswegen kann sie gar nicht verloren gehen.

- Aber du von ihr, du bist von der Zeit abhängig.
* Das stimmt nicht. Ich lebe nicht nach der Zeit.
  Es ist mir egal,
  ob es gerade Vormittag oder Nachmittag ist,
  ob Tag oder Nacht.
  Wenn ich zum Beispiel Hunger habe,
  dann esse ich.
  Wenn ich müde bin, dann schlafe ich.

- Aber du lebst in der Zeit.
* Ich verstehe schon wieder nicht.
- Weil du nicht daran denkst, was es bedeutet,
  in der Zeit zu leben.

* Hat die Zeit auch einen Klang?
- Alles hat einen Klang.
* Dann ist die Zeit wie Musik oder Sprache.

- Ich freue mich.
* Warum?

- Weil du mitdenkst.
* Woran denke ich?

- An das, was ich sage.
* Sagst du was?

- Die ganze Zeit schon.
* Ich höre deinen Klang nicht.

- Doch.
* Ich glaube, du bist verwirrt.
- Eben nicht.

* Die Sprache klingt,
   die Musik klingt,
   die Zeit klingt.
   Sag nicht, dass die Kartoffeln auch klingen.
- Ich sage nichts mehr.

* Die Zeit läuft einfach an uns vorbei.
  Sie klingt nicht.

- Ich bin müde.
  Ich brauche eine kurze Pause und dann einen Espresso.
* Wenn du Pause machst, steht die Zeit still oder klingt sie weiter?

Stille herrschte einige Sekunden im Raum.
Es wurde dunkel.
Dann erklang das Klavier wieder.

* Sag mal,
  warum beginnst du immer mit a
  und nicht zum Beispiel mit q?
- Wann?

* Wenn du diese Dinge, welche die
  Mundmuskulatur trainieren,
  zu Buchstaben ernennst.
- Weil der Klang der Sprache so angeordnet ist.

* Wenn diese Dinge a-b-c-d, welche die
  Mundmuskulatur trainieren,
  l-i-e-b angeordnet wären,
  dann könnte man lieb sagen anstatt abcd.
  Nach deiner Theorie, also deiner Klangtheorie,
  ist der Klang von abcd,
  geschweige denn dessen Bedeutungslosigkeit,
  für mich persönlich höchst langweilig.
- Aber a ist ein wichtiger Klang.

* Was meinst du damit?
- Schau mal her.
  Versuch einmal dich auf das zu konzentrieren,
  was ich dir sage.
  Wenn du beim Arzt bist, musst du zuerst a sagen,
  dann erkennt er, ob du krank bist oder nicht.

Der Laut a, der jetzt Buchstabe a heißt,
öffnet deinen Mund und der Arzt kann bis in den
Rachen hineinschauen.
Versuch's mal mit q oder r, oder auch e.
Sie sind für die Untersuchung deines Rachens
nicht geeignet.

* Ich bin nicht einverstanden.
- Ich glaube, du hast es bloß nicht verstanden.

* Was?
- Na, eben das.

* Dann erkläre mir alles.
- Ich will es mal in drei-vier Sätzen versuchen.
  Die Luft, die wir ausatmen, versetzt beim
  Sprechen und Singen unsere Stimmlippen im
  Kehlkopf in Schwingungen.
  Diese rhythmischen Luftstöße erzeugen je nach
  Spannung und Druck einen lauten oder leisen
  Klang. Bei den Vokalen z.B. muss der Luftstrom
  in der Mundhöhle kein Hindernis überwinden.
  Hier beeinflusst zusätzlich die Zungenlage, ob ein
  heller oder dunkler Vokal entsteht, also ob die
  Melodie hoch oder tief klingt. Ein höchst
  spannendes Zusammenspiel.

* Ich verstehe nicht.

- Sag mal a, e, i, o, u.
* aeiou.

- Sprich diese Vokale einen nach dem anderen.
* a - e - i - o - u
- Du singst, mach weiter so.

* Ich langweile mich, bedeutungslose,
  sogenannte Buchstaben zu singen.
  Oder, wie hast du sie eben genannt?
- Vokale. Und die anderen heißen Konsonanten.

* Wie bitte? Was sind denn die anderen?
- Ich meine zum Beispiel k, l, m, n.

* Du bist wirklich verwirrt.
  Du nennst sie mal Buchstaben,
  mal Vokale, mal Konsonanten,
  mal Basis, mal Fundamente.
  Du solltest dich für einen Namen entscheiden.
- Es heißt, du solltest dich für einen Begriff
  entscheiden. Also, einen Begriff.

* Was soll denn bitte das heißen? Begriff?
- Ja, Begriff.
  Das heißt so viel wie Sinngehalt,
  ein bestimmtes Merkmal,
  ein einheitlicher Sinngedanke,
  also ein abstrakter Ausdruck,
  die Bezeichnung von etwas
  oder auch etwas in wesentlichen Zügen
  auffassen und verstehen.

* Ich verstehe aber gar nichts,
  von dem, was du erzählst.
- Das liegt bestimmt nicht nur an dir,
  dass du nichts verstehst.

* Etwa an dir?
- Nein, auch nicht.

* Woran denn?
- Ich glaube, du hast dich noch nie mit Dingen
  jenseits deiner Grenzen beschäftigt.

* Das heißt, es liegt doch an mir.
- Ja, deswegen sagte ich, „nicht nur an dir".

* Ich äußere mich nicht mehr.
   Ich höre auch nicht mehr zu.
- Dann bist du geistig nicht mehr anwesend.
   Also, du bist sozusagen geistig abwesend.

* Ab- was bitte?
- Ab-we-send.

* Was willst du damit sagen?
- Geistig abwesend, das heißt,
   dass du im Geiste nicht mehr im Raum bist.
   Nur deine Masse existiert, also,
   dein Körper ist anwesend
   aber dein Geist abwesend.

* Und wie soll das denn gehen?
- Ganz einfach:
   Die Dämonen sind unsichtbar
   und ihr Geist kann überall sein.

* Davon habe ich mal gehört!
- Also, in diesem Raum könnte es einen Dämon
   geben, d h. er ist geistig anwesend
   und körperlich abwesend,
   deswegen können wir ihn nicht sehen.

* Und was hat das mit mir zu tun?
- Du bist das Gegenteil davon.
   Du bist

                            geistig
               abwesend
     aber
                           körperlich
            anwesend.

Stille herrschte wieder im Raum
verwirrte Blicke in alle Richtungen

* Dämon:
   Das sind fünf Buchstaben,
   drei Konsonanten und zwei Vokale.
- Und das ist auch ein Begriff.

* Ein Begriff ist ein Sinnbild von etwas, stimmt 's?
- Richtig.

* Und was soll man unter dem Begriff 'Dämon'
   verstehen?
- Der bezeichnet einen geistigen Zustand,
   etwas, das wir nicht sehen.
   Er kann in dir oder in mir sein
   oder in jemandem anderen
   oder auch einfach in der Luft sein.

* Wie würde es sich anfühlen,
   wenn der Dämon in dir wäre?
- Ich kann es dir nicht erklären.
* Das ist seichtes Gerede.

Enttäuschter Blick ohne Reaktion

- Wie kannst du das sagen?
„Seichtes Gerede"!
* Indem ich meinen Mund bewege.
  Also indem ich meine Mundmuskulatur mit den
  Fundamenten bzw. mit der Basis der Sprache
  trainiere oder die von mir zu Buchstaben
  ernannten Dinge nutze. So kann ich das sagen.

- Ich frage mich nur, wieso du meine Definition der
  Dämonen als flaches Gerede bezeichnest.
* Ich finde, deine Behauptungen, es gäbe Dämonen,
  ziemlich wirr.

- Übrigens, hier hast du einen Begriff
  und ein Attribut benutzt,
  indem du meine Erklärung erst als Gerede
  und dann als seicht bezeichnet hast.

* Und was bedeutet Attribut?
- Charakteristische Merkmale einer Person zum
  Beispiel.
* Ich verstehe immer noch nicht.
  Kannst du deutlicher werden?

- Ich glaube, ich gebe auf.
* Womit?

- Mit dir zu diskutieren.
* Schade, ich hätte dir bestimmt geholfen.

- Wobei?
* Dich aus deiner Krise zu retten.

- Habe ich eine?
* Geh' zum Arzt und sag a, er wird es herausfinden.

- Kannst du mal in meinem Mund nachsehen?
* Sag mal a.
- a.
* Du hast das abcd Fieber durch das efgh Virus.
  Du brauchst
  hijklmn-Spritzen
  mit dem Anti-opqrstu-Wirkstoff
  und Vitamin vwyz.
  Das alles,
  dreimal täglich ö ü ä.

Klaviermusik

DER BUCHSTABENBASAR

„Hieroglyphen, arabische Buchstaben, lateinische, griechische, kyrillische Buchstaben und chinesische und japanische Zeichen", rief der Händler jeden Tag mindestens hundertdreißigtausend Mal. Aber das ugaritische Alphabet pries er vielleicht, wenn es hochkam, viermal am Tag.

„Diese Buchstaben sind von einer besonderen Art", sagte er zu seinen Kunden. „Ich biete sie nicht jedem an, denn man muss damit umgehen und schreiben können. Außerdem sind sie sehr teuer. Und von ihnen habe ich nicht allzu viele, sie sind die ersten Schriftzeichen im Gebrauch gewesen."

„Hast du dein Buch verkauft?", fragte der Händler einen Schriftsteller.
„Und, was hast du dafür bekommen?"
„Ich habe hundertzwanzig für sechs Bücher verdient."
„Ich habe dir gesagt, schreib es in Ugaritisch. Du hättest das Hundertfache verdienen können. Deine Schuld, du hast deine Buchstaben bestimmt beim falschen Händler gekauft, als zweite Wahl. Stell dir vor, ich habe gestern an den Lyriker von nebenan

dreizehn lateinische Buchstaben verkauft. Er verfasste damit ein Gedicht. Heute hat er das Gedicht für zweitausenddreihundertachtzig an eine Zeitung verkaufen können. Also für jeden Buchstaben hat er hundertvierzig bekommen. Ich verkaufte ihm jeden Buchstaben roh und unbehandelt für nur zweiundzwanzig. Er machte tatsächlich Gewinn, weil er die richtigen Buchstaben gekauft hatte. Und er konnte sie gut verpacken."

Der Basar erstreckte sich über siebenhundert Quadratmeter. Der Boden war aus blauem Marmor, die Wände mit Gold und Silber verziert. Die Decke war mit den schönsten Rosetten geschmückt. In der Mitte jeder Rosette hing ein wunderbarer Kronleuchter und die Außentür war aus Ebenholz gefertigt. Die Regale, auf denen die Buchstaben standen, waren teilweise aus Kupfer, teilweise aus Ebenholz, in das Elfenbein eingesetzt war.
„Meine Kunden sollen sich durch die kunstvollen Arbeiten und die Atmosphäre in meinem Laden inspirieren lassen" sagte er seinen neuen Kunden.
„Aus China, Kanada, und der ganzen Welt kommen die Dichter und Schriftgelehrten zu mir. Auch die Eskimos lassen sich einige Buchstaben von mir per Post zuschicken.

Also nicht sparen, kauft euch die schönsten Buchstaben."
Einigen verkaufte er nichts oder nur die billigste Ware. Andere beriet er gerne. „Ich empfehle dir diese fünf. Sie sind für Anfänger." Ihm fiel schnell auf, wenn der Kunde noch nicht so große Erfahrungen hatte.

„Die größten Dichter aller Zeiten kauften in diesem Basar ein, Al-Mutanabbi, Li Tai Po, Dante, Shakespeare, Rumi, Schiller, Goethe, Lorca, Kavafis, Rimbaud, Celan, Grass und viele, viele andere. Sie sind berühmt geworden und haben wunderschöne Werke geschrieben.
Nur deswegen, weil sie den Ratschlägen meiner Urgroßväter und auch meinem Rat gefolgt sind und die richtigen Buchstaben gekauft haben."
Tagsüber war der Basar geschlossen. Nachts wurde er geöffnet, ob Sommerzeit oder Winterzeit. Auf die Sekunde genau öffnete der Händler die Tür bei Sonnenuntergang mit einer Zeremonie und schloss sie bei Sonnenaufgang mit einer anderen Zeremonie. „Dichter arbeiten sowieso nur nachts."
Es gab Dichter, die ihre Werke direkt bei ihm im Basar schrieben. „Wenn jemand den einen oder einen anderen Buchstaben dringend braucht, dann

kann er ihn sofort bei mir bekommen. Er braucht keine langen Wege zu gehen und riskiert so auch nicht, seine Inspiration zu verlieren."

Manchmal hatte er seinen alten Kunden ein oder zwei Buchstaben geschenkt, sozusagen als Rabatt gegeben. Sein Lieblingsdichter bekam ständig von ihm besondere Buchstaben und später schenkte er ihm alles, was er brauchte. „Du brauchst nicht zu zahlen", sagte er eines Tages zu ihm. „Schreib mir ein Gedicht für meine Geliebte, das ist genug."

„Die ‚falschen' Dichter", wie er einige nannte, „die schreiben nur Schrott. Es ist egal, wie viele und welche Buchstaben sie kaufen.
Die Zahl der benutzten Buchstaben spielt keine Rolle für die Qualität des Gedichtes. Die Qualität des Dichters ist das entscheidende Kriterium.
Die Kunst besteht darin, mit wenigen Buchstaben besondere Gedichte zu schreiben."

„Und wann fängst du an, Gedichte zu schreiben?", fragte ihn seine Nachbarin.
„Das überlasse ich den Dichtern. Meine Aufgabe ist, ihnen Buchstaben zu besorgen."